# 왕가리 마타이

# 왕가리 마타이

남찬숙 글 윤정미 그림

비룡소

후드득, 후드득!
마른땅에 빗방울이 떨어지기 시작했어요.
"엄마, 엄마, 비가 내려요!"
어린 왕가리는 신이 나서 어머니에게 소리쳤어요.
"이번에는 네 정원에 뭘 심을 거니?"
"지난번에 고구마를 심었으니 이번에는 콩을 심을래요."

왕가리는 비가 내릴 때마다 어머니가 만들어 준 작은 정원에 고구마, 콩, 옥수수 등을 심었어요.

"엄마, 싹이 나왔어요!"

"엄마, 나비가 내 콩 꽃에 앉았어요."

싹이 나고, 꽃이 피고, 나비와 벌이 찾아올 때마다 왕가리는 어머니에게 가장 먼저 달려갔어요.

"우리 왕가리가 콩을 잘 키웠구나. 나비가 날아왔으니 곧 콩이 열릴 거야."

어머니는 왕가리에게 칭찬을 아끼지 않았어요.

어머니는 왕가리에게 곡식을 키우는 법뿐 아니라 다른 많은 것도 가르쳐 주었어요.

"왕가리, 길을 가다 표범 꼬리를 보거든 밟지 않도록 조심해. 계속 걸으면서 표범에게 말해. 너랑 나랑은 둘 다 표범이니 우리 친하게 지내자고 말이야."

"왕가리, 숲에서 땔감을 찾을 때 무화과나무의 가지는 절대 줍지 마. 무화과나무는 신의 나무야. 절대 꺾거나 태우면 안 돼."

왕가리는 어머니의 가르침으로 자연과 생명을 사랑하는 아이로 자랐어요.

왕가리는 1940년 아프리카 케냐의 지역인 이히테의 작은 마을에서 태어났어요.

"네 이름은 왕가리야. 바로 네 할머니 이름이란다."

왕가리의 아버지는 부족의 전통에 따라 왕가리에게 자신의 어머니 이름을 지어 주었어요. 아버지는 케냐의 키쿠유족 출신이었지요.

당시에 케냐는 영국의 지배를 받고 있었어요. 케냐 사람들은 영국인 농장에서 아주 적은 돈을 받고 일하며 힘들게 살았어요. 왕가리의 아버지도 영국 사람인 닐런 씨의 농장에서 일을 했어요.

왕가리의 아버지는 어릴 때 학교에 잠깐 다녀서 글을 읽고 쓸 줄 알았어요. 당시 케냐에는 글을 아는 사람이 드물어서 글을 알면 아주 큰 도움이 되었지요. 그래서 왕가리의 아버지는 어려운 형편에도 아들들을 학교에 보냈어요.

왕가리는 어머니를 도와 오빠들의 뒷바라지를 했어요. 오빠들이 학교에 가면 왕가리는 집안일을 하고 어머니와 함께 들판에 나가 농사일도 했어요.

"왕가리는 어린데도 일솜씨가 참 야무지네!"

어른들은 왕가리를 칭찬했어요. 칭찬을 들으면 왕가리는 어깨가 으쓱해졌어요. 그러나 한편으로는 학교 다니는 오빠들이 부러웠어요.

'나도 학교에 다닐 수 있다면 얼마나 좋을까!'

왕가리의 오빠 은데리투는 영리한 왕가리가 학교에 다니지 못하는 것이 안타까웠어요. 그래서 어머니에게 진지하게 물었어요.

"어머니, 왕가리도 학교에 다니면 안 되나요?"

왕가리의 어머니는 생각에 잠겼어요.

당시 케냐의 가난한 집 여자아이들은 집안일과 농사일을 하다 어린 나이에 결혼을 했어요. 왕가리의 어머니도 그랬지요. 그러나 어머니는 사랑하는 딸 왕가리가 자신보다 더 나은 삶을 살기를 원했어요.

'그래, 내가 더 많이 일을 해서 학비를 벌면 돼!'

어머니는 왕가리를 학교에 보내기로 마음먹었어요.

"정말이요? 정말 학교에 갈 수 있어요?"

왕가리는 학교에 간다는 말에 기뻐서 소리를 질렀어요.

곧 왕가리는 이히테 초등학교에 다니게 되었어요. 이히테 초등학교는 집에서 오 킬로미터가 넘는 먼 곳에 있었어요. 다행히 왕가리의 사촌 오빠가 그 학교에 다녀서 왕가리와 함께 다니기로 했어요.

학교에 가는 첫날 왕가리는 사촌 오빠를 따라 학교로 향했어요. 맨발로 걷던 둘은 너무 힘들어 중간에서 잠시 쉬었어요.

"왕가리 너 읽고 쓸 줄 모르지? 내가 글자 좀 보여 줄까?"

사촌 오빠는 자기 석판(돌을 얇게 깎아 만든 판)을 꺼내 크레파스로 글자를 썼어요. 그리고 지우개로 그 글자를 지웠어요.

"우아, 꼭 마술 같아!"

왕가리는 글자를 쓰고 지울 줄 아는 사촌 오빠가 존경스러웠어요.

'나도 열심히 배워서 오빠처럼 할 거야!'

학교에서 왕가리는 쉬지 않고 글자를 읽고 썼어요. 얼마 가지 않아 왕가리도 사촌 오빠처럼 글자를 읽고 쓸 줄 알게 되었지요.

　어머니는 열심히 공부하는 왕가리를 중학교에 보내기로 했어요.
　"먹고살기도 힘들면서 여자애를 왜 학교에 보내는 거야?"
　마을 사람들은 왕가리 어머니의 결정을 비웃었어요. 그러나 어머니는 사람들 말에 흔들리지 않았어요. 당시에 중학교와 고등학교를 졸업한 케냐의 여학생들은 교사나 간호사가 되는 직업 교육을 받을 수 있었어요. 어머니는 왕가리도 그렇게 되기를 바랐지요.

왕가리가 다니게 된 세인트 세실리아 중학교는 가톨릭 학교로 학생들은 기숙사 생활을 해야 했어요. 기숙사 음식은 집에서 먹는 것과 달랐고, 겨울에는 몹시 추웠어요.

"이까짓 추위는 얼마든지 괜찮아. 엄마가 날 공부시키기 위해 얼마나 힘들게 일하시는데……. 열심히 공부해서 꼭 고등학교도 갈 테야!"

왕가리는 공부를 할 수 있다는 것이 마냥 행복했어요. 가끔 힘이 들 때는 어머니를 생각하며 이겨 냈어요.

왕가리는 반에서 일 등으로 중학교를 졸업하고, 로레토 여자 고등학교에 합격했어요.

고등학교에서 왕가리는 테레사 수녀님을 만났어요. 테레사 수녀님은 쉬는 시간이면 왕가리에게 세균을 배양하는 유리 접시 씻는 일을 시켰어요.

"테레사 수녀님, 이 접시로 무엇을 하는 건가요?"
"세균을 배양하지."
"세균 배양이 뭔데요?"

왕가리는 테레사 수녀님을 도우면서 점점 더 과학에 흥미를 갖기 시작했어요.

'난 과학자가 될 거야! 그러려면 대학교에도 가야겠어!'

졸업이 다가오자 왕가리의 친구들은 교사나 간호사가 되기 위해 직업 교육에 지원했어요. 하지만 왕가리는 그러지 않았어요. 이상하게 여긴 친구들이 왕가리에게 물었어요.

"왕가리, 넌 왜 직업 교육을 신청하지 않니?"

"난 마케레레 대학교에 갈 거니까."

"거긴 정말 실력 있는 학생만 갈 수 있다던데."

"걱정 마, 꼭 붙을 거야. 난 과학을 더 공부할 거거든!"

왕가리는 친구들에게 자신 있게 말했어요. 하지만 속으로는 걱정이 됐지요.

'내가 정말 그 대학에 갈 수 있을까?'

마케레레 대학교는 동아프리카에 딱 하나 있는 대학으로, 친구들 말처럼 들어가기가 무척 어려웠거든요.

'난 남들보다 머리가 좋지는 않아. 무조건 열심히 하는 수밖에 없어!'

왕가리는 열심히 공부해서 마침내 마케레레 대학교에 합격했어요.

바로 그때, 왕가리에게 생각하지도 못했던 기회가 찾아왔어요.

1959년, 유럽의 큰 나라들에 지배를 받던 아프리카에 독립의 바람이 불기 시작했어요. 영국의 지배를 받던 케냐도 독립을 준비했어요.

케냐에 있던 영국 관료들이 떠나자 정부와 사회의 중요한 자리들은 텅 비어 버렸어요. 그 자리를 채울 똑똑한 케냐 사람들이 필요해졌지요.

케냐의 지도자들은 미국에 도움을 청했어요. 미국 케네디 재단에서 아프리카 학생들을 위한 장학 제도를 마련했어요. 케냐 학생 삼백여 명이 장학생이 되어 미국에서 공부를 할 수 있게 되었지요. 왕가리도 장학생으로 뽑혔어요.

"미국에 가서 공부를 한다니 정말 꿈만 같아!"

왕가리는 자신에게 찾아온 기회를 기쁜 마음으로 받아들였어요.

1960년 미국에 간 왕가리는 캔자스 지역에 있는 마운트 세인트 스콜라스티카 대학에 들어갔어요. 완전히 영어로만 해야 하는 공부는 왕가리에게 몹시 힘이 들었어요. 돈이 없어서 방학 때 케냐에 있는 가족들을 보러 가지 못하는 것도 슬펐어요. 그러나 왕가리는 포기하지 않고 공부를 계속했어요.

　미국에 있는 동안 왕가리는 자신과 같은 피부색을 가진 아프리카계 미국인들이 차별에 맞서 용감하게 싸우는 모습을 보고 감동을 받았어요. 그때마다 왕가리는 자신의 조국 케냐를 생각했어요.

　'내 나라도 그동안 영국의 지배를 받으면서 많은 걸 빼앗겼어. 이곳에서 공부를 다 끝마치면 케냐를 위해 일할 거야.'

　왕가리는 케냐로 돌아갈 날을 꿈꾸었어요.

1963년 12월, 왕가리는 케냐가 독립했다는 기쁜 소식을 들었어요.

"드디어 우리 케냐도 독립 국가가 되었어!"

왕가리는 미국으로 함께 유학 온 케냐 친구들과 기쁨을 나누었어요.

왕가리는 마운트 세인트 스콜라스티카 대학에서 과학 학사 학위를 받고, 펜실베이니아주에 있는 피츠버그 대학교에서 석사 학위를 받았어요.

바로 그때쯤 케냐 정부에서 사회의 중요한 자리들을 채워 줄 젊은이들을 뽑기 위해 미국으로 사람을 보냈어요. 케냐의 국립 대학인 나이로비 대학 동물학 연구 조교직도 그 자리 중 하나였죠.

"마침내 내가 케냐로 돌아가 할 일이 생겼어!"

왕가리는 망설이지 않고 바로 지원했어요.

나이로비 대학에서 왕가리를 뽑겠다는 편지가 왔어요. 왕가리는 대학 졸업식도 참석하지 않고 바로 케냐로 돌아갔어요. 공항에는 육 년 동안 보지 못했던 가족들이 마중을 나와 있었어요. 왕가리는 며칠 동안 가족들과 함께 행복한 시간을 보냈어요.

　왕가리는 기대에 차서 자신의 첫 직장이 될 나이로비 대학의 동물학과 교수를 찾아갔어요. 그러나 생각지도 못했던 일이 왕가리를 기다리고 있었어요.
　"그 자리에는 다른 사람을 뽑았어요."
　"전 임명장을 받았어요. 보세요. 여기에 당신 서명도 있잖아요!"
　왕가리는 편지를 보여 주며 항의했지만 소용이 없었어요. 왕가리가 일하기로 했던 자리에는 동물학과 교수와 같은 부족 출신인 남자가 일하기로 되어 있었지요.
　'내가 여자이고, 교수와 다른 부족 출신이라 밀려난 거구나!'

왕가리는 몹시 실망했지만 어쩔 수 없었어요.

당장 직장부터 다시 구해야 했어요. 그때 나이로비 대학에 동물 해부학과를 새로 만들러 온 독일 기센 대학의 호프만 교수를 만나게 되었어요.

"왕가리, 조직 검사를 할 수 있나요?"

"네, 대학에서 공부했어요."

"우리 동물 해부학과에 그 기술을 가진 사람이 당장 필요합니다. 당신이 와서 일해 주세요."

왕가리는 나이로비 대학의 동물 해부학과에 들어가게 되었어요.

몇 년 동안 왕가리는 책과 현미경과 슬라이드에 파묻혀 지냈어요. 박사 학위 과정에도 등록했어요. 이뿐만 아니라 학생들을 가르치기도 했어요. 수의학을 전공하는 학생들에게 해부학 강의를 했지요.
"정말 당신이 우리를 가르칠 수 있어요?"
"우리랑 나이 차이도 얼마 나지 않는다고 들었는데요?"

남학생들은 젊은 여성인 왕가리의 실력을 의심했어요.
'학생들마저 내가 나이가 어리고 여자라는 이유로 무시를 하는구나. 두고 봐. 내 실력으로 학생들의 인정을 받고 말 거야!'

왕가리는 학생들에게 엄격하게 대했고 최선을 다해 가르쳤어요. 얼마 가지 않아 학생들은 왕가리가 누구보다도 뛰어난 실력을 가졌다는 것을 알게 되었지요.

왕가리는 박사 과정을 준비하기 위해 독일 기센 대학으로 다시 유학을 떠났어요. 그리고 일 년쯤 뒤 다시 나이로비 대학으로 돌아와 학생들을 가르쳤지요. 박사 학위를 위한 연구와 논문 쓰기도 계속했어요.

역시 가르치는 건 재밌다니까!

1969년 봄에는 자신처럼 미국 유학생이었던 므왕기와 결혼을 했어요. 이후 세 명의 아이를 낳았지요.

왕가리는 어머니가 되었다는 게 몹시 기뻤어요. 국회 의원 선거를 준비하던 남편의 일을 열심히 도왔고, 아이들을 최선을 다해 키웠지요. 또 자신의 공부도 게을리하지 않았어요.

1971년 왕가리는 나이로비 대학에서 동아프리카 여성으로는 처음으로 박사 학위를 받았어요.

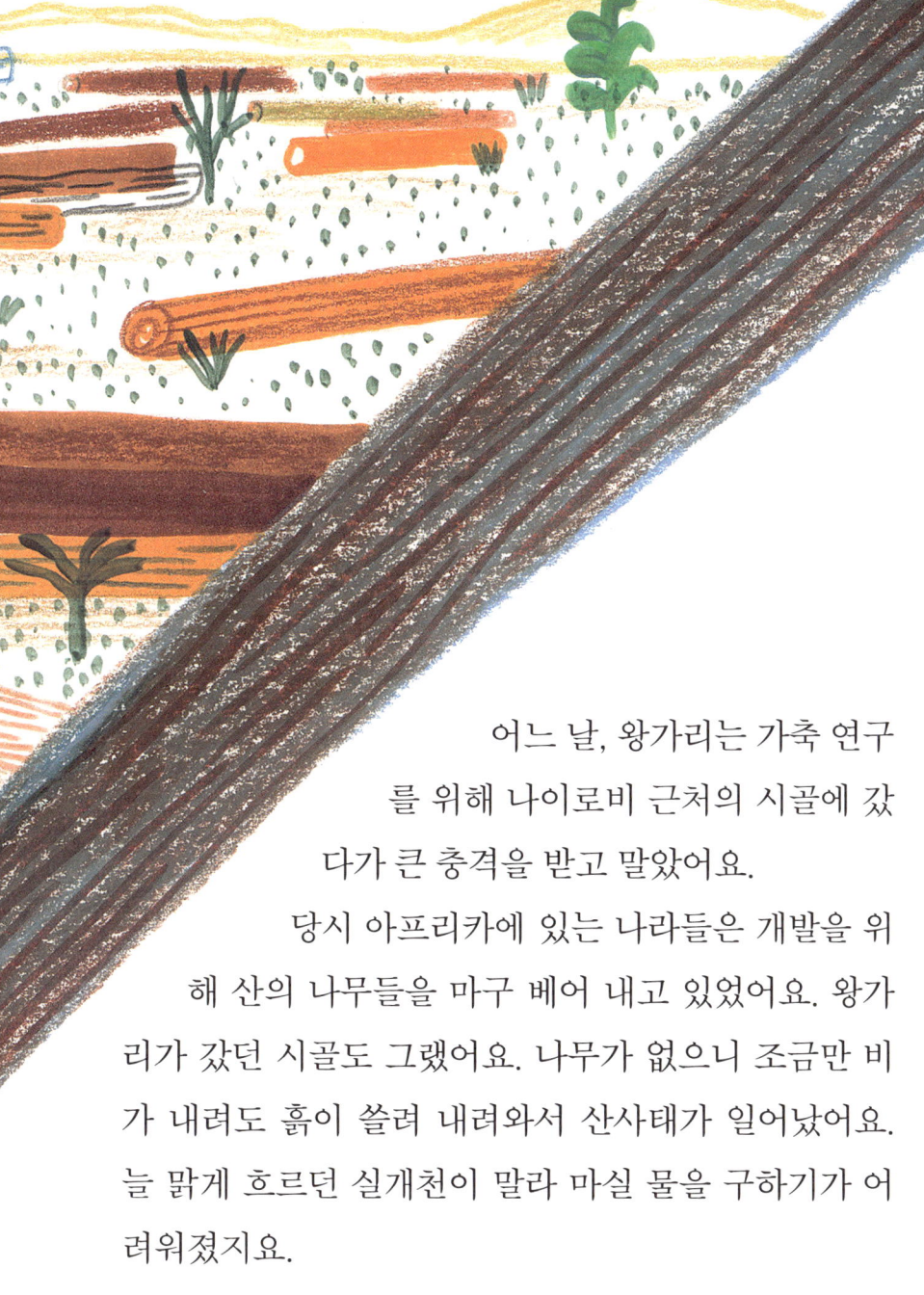

　어느 날, 왕가리는 가축 연구를 위해 나이로비 근처의 시골에 갔다가 큰 충격을 받고 말았어요.
　당시 아프리카에 있는 나라들은 개발을 위해 산의 나무들을 마구 베어 내고 있었어요. 왕가리가 갔던 시골도 그랬어요. 나무가 없으니 조금만 비가 내려도 흙이 쓸려 내려와서 산사태가 일어났어요. 늘 맑게 흐르던 실개천이 말라 마실 물을 구하기가 어려워졌지요.

물이 마른 들판에는 풀조차 자라지 못했고, 풀을 먹지 못한 소들은 갈비뼈가 드러날 정도로 앙상했어요.

소만 그런 것이 아니었어요. 아이들도 영양실조에 걸려 있었지요.

"아이들이 왜 이렇게 말랐죠? 먹을 것이 없나요?"

왕가리가 놀라 어른들에게 물었어요.

"우리는 너무 가난해서 먹을 걸 구할 수 없어요."

"먹을 게 있어도 음식을 할 수가 없어요. 땔감도, 물도 구하기 힘드니까요."

어른들은 눈물을 흘리며 말했어요.

'어떻게 하면 저 사람들을 도울 수 있을까?'

왕가리는 고민하기 시작했어요.

'땔감과 물이 부족한 것은 케냐의 자연환경이 파괴되어 생긴 문제야. 자연을 되살리려면 무엇보다 먼저 나무를 심어야 해.'

왕가리는 나무를 심는 회사를 차렸어요.

"가난한 사람들에게 나무 심는 일자리를 주는 거야. 그러면 자연도 살리고, 가난한 사람들도 도울 수 있어."

그런데 왕가리 혼자서 회사를 운영하기엔 돈이 많이 들었어요. 왕가리는 케냐의 부자들을 찾아가 나무 심는 사업을 도와 달라고 했어요. 그러나 부자들은 왕가리의 부탁을 거절했어요.

"제가 왜 당신 사업을 도와줘야 하는지 모르겠네요."

결국 나무 심는 회사는 돈이 부족해 문을 닫고 말았어요. 비록 실패로 끝났지만 왕가리의 노력을 좋게 본 사람들도 많았어요. 그중엔 유엔 환경 계획의 사무총장도 있었지요. 왕가리는 그의 도움으로 1976년 캐나다에서 열린 국제 연합(UN) 회의에 참여했어요.

자연환경이 파괴되어 생기는 문제는 케냐의 문제만이 아니었어요. 회의에 참석한 전 세계 사람들은 환경 문제를 해결하려면 나무와 숲이 있는 '푸른 도시'를 만들어야 한다고 말했어요.

"그래, 내 생각이 옳았어. 나무가 우리를 구해 줄 거야!"

왕가리는 다시 용기를 얻었어요.

마침 왕가리는 케냐 여성 위원회에서 환경에 관련된 일을 맡게 되었어요.

"케냐의 자연을 살리기 위해 나무를 심어야 합니다!"

왕가리는 케냐 여성 위원회에 나무 심기를 제안했어요. 여성 위원회에서는 왕가리의 제안을 받아들였지요.

왕가리는 나무 심기 행사를 세계 환경의 날에 열기로 했어요.

왕가리는 수백 명의 여성들과 힘차게 행진하며 카무쿤지 공원으로 갔어요. 공원에 도착한 왕가리는 일곱 그루의 나무를 심었어요.

"우리는 힘을 합쳐 나무를 심고, 이 땅을 구할 거예요!"

왕가리가 벌인 이날의 행사는 신문에 크게 실렸어요. 이 일을 시작으로 케냐에서 그린벨트 운동이 시작됐어요.

왕가리는 그린벨트 운동을 널리 퍼트리려 애를 썼어요. 처음에는 케냐 정부에서 묘목(옮겨 심는 어린나무)을 지원해 주었어요. 그러나 왕가리가 가져가는 묘목이 점점 늘어나자 정부에서는 돈을 주고 묘목을 사라고 했어요. 그런데 왕가리에게는 그만한 돈이 없었지요.
"그래, 우리가 직접 나무를 기르면 되잖아!"

왕가리는 시골 여성들을 교육시켜 묘목장(묘목을 심어 기르는 곳)을 만들기로 했어요.

"나무 씨앗을 심어 어린나무로 자라게 하는 게 얼마나 어려운 일인 줄 아시오? 무식한 시골 여자들이 그 일을 어떻게 한단 말이오?"

관리들은 코웃음을 치며 왕가리를 비웃었어요.

"시골 여성들은 모두 농사를 지어요. 나무 씨앗 역시 잘 키울 수 있을 거예요."

왕가리는 시골 여성들에게 나무 씨앗을 심고 키우는 법을 가르쳤어요.

왕가리의 생각이 옳았어요. 교육을 받은 여성들은 나무 씨앗을 뿌려 싹을 틔워 냈어요. 왕가리는 나무를 키워 낸 여성들에게 대가를 줘야 한다고 생각했어요.

"당신이 기른 어린나무가 옮겨져 심어질 때마다 4센트를 주겠어요."

4센트는 얼마 안 되는 돈이었지만 가난한 시골 여성들에게는 아주 큰돈이었어요. 더 많은 여성들이 돈을 벌기 위해 나무 심기 운동에 참가하기 시작했어요.

왕가리는 그린벨트 운동을 하면서 점점 더 유명해졌어요. 남편 므왕기는 아내인 왕가리가 자신보다 더 유명해지자 불만이 많아졌어요.

"나는 당신이 다른 케냐 여자들처럼 집에서 조용히 살림하면서 아이만 키우면 좋겠소! 만약 내 말을 안 듣는다면 당신과 이혼할 거야."

왕가리는 남편의 마음을 돌리려 애를 썼지만 소용없었어요.

므왕기는 이혼 소송을 벌였고, 왕가리는 법정에 서게 됐어요.

"내 아내는 남편인 내 말을 안 들어요."

법정에서 므왕기는 말도 안 되는 여러 이유를 들며 이혼하겠다고 주장했어요.

판사들은 므왕기의 손을 들어 주었어요.

왕가리는 판사가 공정한 판결을 하지 않았다고 말했어요. 이 말 때문에 왕가리는 법정을 모욕했다는 죄목으로 체포되었지요. 왕가리는 육 개월 형을 받고 감옥에 갇혔어요.

다행히 왕가리를 지지하는 사람들이 왕가리의 석방을 위해 애를 써 주었어요. 덕분에 왕가리는 감옥에서 나올 수 있었어요.

1979년 왕가리는 케냐 여성 위원회의 의장직에 출마했어요.

"왕가리가 의장이 되면 앞으로 더 골치가 아플 거야. 우리가 하려는 개발 사업마다 다 반대를 할 테니까."

정부에서는 왕가리가 의장이 되는 걸 바라지 않았어요. 온갖 방법을 동원해 왕가리가 의장이 되는 것을 방해했지요. 그런데도 왕가리는 1980년에 당당히 의장으로 뽑혔어요.

이듬해, 사람들은 왕가리에게 국회 의원 출마를 권유했어요.

"왕가리, 지금 우리나라에는 여성 국회 의원이 두 명밖에 없어요."

"국회에 가서 여성과 가난한 사람들을 위해 일해 주세요."

"그래, 국회 의원이 되면 더 많은 일을 할 수 있을 거야. 숲을 보호하는 법을 만들 수도 있잖아!"

왕가리는 국회 의원 선거에 나가기로 마음을 먹고 대학에 사직서를 냈어요. 당시 케냐에는 국회 의원 선거에 나가려면 직장을 그만둬야 한다는 법이 있었거든요.

정부는 이번에도 왕가리가 후보 등록을 하지 못하게 온갖 방해를 했어요. 그 때문에 시간에 맞춰 국회 의원 후보 등록을 하지 못했지요. 대학에서는 왕가리를 다시 받아 주지 않았어요.

"당신은 이미 사직했어요. 이제 대학에서 제공해 준 집에서도 나가 주세요!"

왕가리는 하루아침에 직장과 집을 잃고 말았어요.

"이제 어떻게 하지?"

왕가리는 앞으로 어떻게 살아야 할지 스스로에게 물었어요.

"난 이혼했고, 국회 의원 선거에 나갈 기회를 잃었어. 또 직장과 집도 잃었지. 그렇다고 내 인생 전부를 잃은 건 아니야. 여전히 난 케냐 여성 위원회 의장이고, 그린벨트 운동을 하고 있잖아. 그래, 그게 지금 내가 해야 할 일이야."

왕가리는 그린벨트 운동을 더 적극적으로 펼쳤어요.

국제 연합(UN)에 속한 기관으로부터 지원금을 받아 내고, 청년들에게 나무 씨앗을 다루고 심는 방법 등을 가르쳤어요. 또 여러 마을을 찾아다니며 사람들 스스로 자연이 얼마나 소중한지 깨닫도록 했어요.

"여러분은 이 땅의 주인이에요. 여러분 스스로 땅을 소중히 가꾸고 돌봐야 해요."

왕가리의 노력으로 그린벨트 운동은 어마어마하게 성장했어요. 이제는 케냐만이 아니라 아프리카 여러 나라에서도 그린벨트 운동을 시작하게 되었지요.

"왕가리, 정부에서 우후루 공원에 육십 층짜리 빌딩을 짓기로 했대요."

어느 날, 너무도 충격적인 소식이 들려왔어요. 우후루 공원은 아름다운 숲이 있어 나이로비 사람들이 즐겨 찾는 곳이었지요.

왕가리는 무슨 일이 있어도 우후루 숲을 지켜야 한다고 생각했어요. 고민 끝에 그린벨트 운동 본부의 이름으로 여러 곳에 반대하는 내용의 편지를 보냈어요.

"왕가리는 나무와 숲밖에 몰라요. 그곳에 빌딩을 지으면 큰돈을 벌 수 있어요. 숲과 나무가 우리에게 돈을 벌어 줄 수 있나요?"

정부는 언론을 통해 왕가리를 공격했어요.

"숲과 나무가 당장 돈이 되지는 않아요. 그렇다고 숲을 없애면 나이로비는 사람이 살기 힘든 삭막한 곳이 될 거예요."

왕가리는 사람들에게 끈질기게 말했어요. 왕가리의 뜻을 지지하는 사람들이 점점 늘었지요. 결국 이 년여 뒤, 케냐 정부는 빌딩을 세울 계획을 취소했어요.

"우리 공원으로 갑시다, 가서 승리의 춤을 춰요!"

왕가리는 수많은 사람들과 함께 우후루 공원으로 몰려가 춤을 추었어요.

왕가리가 그린벨트 운동을 활발히 하는 동안 케냐의 정치 상황은 날이 갈수록 안 좋아졌어요. 대통령 모이는 자기 맘대로 나라를 다스렸어요. 정부에 반대하는 사람들을 가두거나 죽이기도 했지요.

그래서 왕가리와도 자주 부딪쳤어요. 왕가리는 자연스럽게 케냐 사람들이 국민으로서 권리와 자유를 누리려면 민주적인 정부가 들어서야 한다고 생각했어요. 그래서 위험을 무릅쓰고 케냐의 민주화를 주장하는 모임에 계속 참석했어요.

"왕가리, 그러다가 당신도 위험해질 거예요."

주위 사람들이 왕가리를 걱정했어요.

"미국에 사는 아프리카계 미국인들은 자신들의 권리를 찾기 위해 싸우고 있어요. 우리도 우리 권리를 되찾기 위해 싸워야 해요. 우리가 아무것도 하지 않으면 케냐는 결코 민주 국가가 될 수 없을 거예요."

왕가리는 자신을 걱정하는 사람들에게 말했어요.

그러나 사람들의 걱정은 사실이 되었어요. 1993년 1월, 경찰들이 왕가리의 집에 들어와 왕가리를 강제로 끌고 갔어요.

왕가리는 물과 오물로 가득 찬, 축축한 감방에 갇혔어요. 이미 쉰세 살이었던 왕가리는 무릎 관절염이 심했고, 등까지 아팠어요. 하지만 교도관들은 담요 한 장조차 감옥에 넣어 주지 않았어요.

왕가리에 대한 재판이 열렸어요. 왕가리를 지지하는 많은 사람들이 재판정을 찾아왔어요.

"왕가리는 나쁜 소문을 퍼뜨리고, 나라의 질서를 어지럽혔으며, 반역죄를 지었습니다!"

검사가 왕가리의 죄목을 큰 소리로 읽었어요. 그때 왕가리는 똑바로 서서 그 말을 들을 수가 없었어요. 다리가 완전히 마비되었고, 배고픔으로 쇠약해져 있었기 때문이에요.

"도대체 무슨 짓을 한 거야? 사람을 완전히 죽여 놨잖아!"

왕가리의 재판을 보러 온 사람들이 충격을 받고 소리쳤어요. 판사는 어쩔 수 없이 몇몇 조건을 내걸고 왕가리를 풀어 주었어요.

왕가리는 앰뷸런스에 실려 나갔어요. 많은 여성들이 그 길에 나와 눈물을 흘리며 왕가리를 응원해 주었어요. 왕가리를 응원하는 현수막도 걸려 있었어요.

'왕가리, 케냐의 용감한 딸.'

'당신을 결코 혼자 걷게 하지 않을 거예요.'

왕가리는 그 글을 보며 눈물을 흘렸어요.

'저렇게 많은 사람들이 나를 걱정해 주고 있어. 나는 혼자가 아니야.'

 왕가리가 병원에 있을 때였어요. 케냐의 민주화 운동에 앞장섰다 잡혀간 청년들의 어머니들이 왕가리를 찾아왔어요.
 "왕가리, 우리 아이들이 풀려날 수 있게 도와주세요."
 '내가 저 어머니들을 돕는다면 다시 잡혀갈 거야. 그래도 저들을 모른 척할 수는 없어!'
 왕가리는 병원에서 나가자마자 법무부 장관을 만났어요.
 "억울하게 붙들려 간 젊은이들을 풀어 주세요. 그때까지 어머니들과 우후루 공원에서 시위를 벌일 거예요. 사흘 안에 젊은이들을 어머니에게 돌려보내 주세요!"

왕가리와 다섯 명의 어머니들은 우후루 공원으로 가서 텐트를 쳤어요. 그 소식을 들은 사람들이 찾아와 왕가리와 어머니들 곁을 지켜 주었지요. 그러나 사흘이 지나도 젊은이들은 풀려나지 않았어요.

젊은이들이 풀려나기는커녕 경찰들이 들이닥쳐 최루탄(눈물샘을 자극해 눈물을 흘리게 하는 탄환)을 쏘고, 사람들에게 경찰봉을 휘둘렀어요. 여기저기서 비명이 터져 나왔지요.
"으악!"
결국 왕가리도 경찰봉에 머리를 맞아 쓰러지고 말았어요.

"왕가리가 쓰러졌어요. 어서 병원으로 옮겨야 해요!"
병원에 도착했을 때 왕가리는 피를 많이 흘리고 있었어요. 그토록 용감했던 왕가리도 이번에는 자신이 죽을지 모른다는 두려움에 사로잡혔어요.

"나, 이대로 죽는 거 아닐까?"

"왕가리, 넌 괜찮을 거야. 내가 네 곁에 있을게."

소식을 듣고 온 친구 릴리안이 왕가리를 간호했어요. 왕가리는 친구의 보살핌 덕에 다시 안정을 찾았어요.

왕가리는 몸이 다 회복되자 기자 회견을 열었어요.

"나는 진실을 말하는 것을 주저하지 않을 것이며, 비겁하게 침묵하거나 도망치지도 않겠습니다. 어머니들은 아들들의 석방을 요청할 권리가 있습니다."

정부에서 온갖 협박을 해도 왕가리와 어머니들은 꿋꿋하게 버텼어요.

왕가리와 어머니들의 이야기는 다른 나라에도 널리 알려졌어요. 세계 각국에서 케냐 정부에 젊은이들을 풀어 줘야 한다고 말했어요. 케냐 정부는 어쩔 수 없이 젊은이들을 석방했지요.

"왕가리, 정말 고마워요. 모두 당신 덕분입니다."

자식을 되찾은 어머니들이 감사 인사를 했어요.

1992년 케냐에서 처음으로 여러 정당이 만들어져 합법적인 선거가 열렸어요. 정당은 정치적 의견이 같은 사람들이 모여 만든 단체를 뜻해요. 민주주의 국가에서는 다양한 정당들이 만들어지고 서로 경쟁하며 활동할 수 있지요.

그때까지 케냐는 대통령 모이가 속한 하나의 정당만이 만들어져 권력을 독차지하고 나라를 마음대로 다스리고 있었어요.

왕가리를 비롯한 많은 사람들이 케냐를 민주주의 국가로 만들기 위해 싸웠고, 마침내 케냐에서도 사람들이 그토록 원하던 민주화가 이루어지기 시작한 거예요.

케냐에 1993년 정치 문제 말고 또 다른 심각한 문제가 생겼어요. 케냐는 여러 부족이 모여 만들어진 나라였어요. 그런데 그 부족들 사이에 싸움이 벌어진 거예요. 그로 인해 많은 사람들이 집을 잃었고, 아이들은 고아가 됐어요.

얘들아!

케냐 정부는 부족들의 싸움을 말리기는커녕 모른 척했어요. 부족들이 서로 미워하는 동안 자기들 마음대로 정치를 할 수 있었으니까요.

"서로 다른 부족이어도 우리는 모두 케냐 사람들이야. 부족들이 계속 싸움을 벌인다면 그 피해는 우리가 보게 돼. 어떻게든 이 상황을 막아야 해!"

왕가리는 위험을 무릅쓰고 변장을 한 채 부족들을 찾아다니며 호소했어요.

"우리는 함께 힘을 모아야 해요. 우리가 서로에게 총을 겨눈다면 모두 끔찍한 최후를 맞게 될 거예요."

왕가리는 부족들 사이의 싸움을 멈추기 위해 나무 심기를 이용했어요.

"각 부족마다 묘목장을 만드세요. 묘목들이 자라면 다른 부족을 초청해 묘목을 선물하세요. 그 나무들을 '평화의 나무'라고 부르세요. 우리는 이 땅에 평화가 자라게 해야 해요."

왕가리는 싸움이 일어나는 수많은 위험 지역을 다니며 평화를 위해 노력했어요.

케냐 정부는 개발 정책을 멈추지 않았어요.

1998년, 왕가리는 다시 한번 정부와 싸웠어요. 수많은 희귀종 식물과 동물들이 사는 카루라 숲을 지키기 위해서였지요. 정부는 개발업자들이 카루라 숲을 개발하도록 허가를 했어요.

"여러분, 개발업자들이 나무를 베어 낸 곳에 다시 나무를 심읍시다!"

왕가리는 사람들을 모아 카루라 숲으로 갔어요.

"이곳은 들어갈 수 없소!"

무장한 경찰들이 왕가리 일행을 막아섰어요.

"경찰들을 피해 샛길로 들어가요."

왕가리는 샛길을 통해 숲에 들어가 나무를 심었어요.

정부는 왕가리를 막기 위해 경찰과 깡패들을 보냈어요. 하지만 왕가리는 물러서지 않았어요. 왕가리의 투쟁을 본 국제 환경 단체들은 왕가리를 지지하며 케냐 정부를 비난했어요.

"아휴, 왕가리 때문에 너무 골치 아파. 카루라 숲은 포기하자고!"

상황이 복잡해지자 개발업자들은 숲을 떠났어요. 왕가리는 이번에도 무사히 카루라 숲을 지켜 냈어요.

2002년 모이 대통령이 물러나고, 키바키가 새로운 케냐 대통령으로 당선됐어요. 수만 명의 시민들이 우후루 공원에 모여 노래하고 춤을 추었어요. 2003년에 왕가리는 환경 및 천연자원부 차관에 임명되었어요.

왕가리는 케냐의 평화를 위해 노력했던 공을 인정받아 2004년 노벨 평화상을 받게 되었어요.

"나는 나의 노벨상 수상을 나만의 방식으로 축하하겠어요."

왕가리는 사람들이 지켜보는 가운데 구덩이를 파고 난디불꽃나무를 심었어요.

그 뒤로 왕가리는 유엔 평화 사절로 세계 곳곳을 다녔고, 2011년 일흔한 살의 나이로 숨을 거두었어요.

왕가리가 나무 심기 운동을 벌일 때 사람들은 종종 왕가리에게 불평했어요.

"난 나무 심기가 싫어요. 나무는 너무 늦게 자란단 말이에요."

왕가리는 그들에게 말했어요.

"오늘 당신이 벤 나무는 아주 오래전 누군가 심은 나무예요. 우리는 우리를 위해서가 아니라, 우리 아이들을 위해 나무를 심어야 해요."

또 다른 사람들은 목숨을 걸고 민주화를 위해 싸우는 왕가리에게 물었어요.

"왕가리, 당신은 왜 그렇게 위험을 무릅쓰고 싸우나요? 아무리 그래도 세상은 쉽게 바뀌지 않을 거예요."

왕가리는 빙그레 웃으며 사람들에게 말했어요.

"내가 아는 동화가 있어요. 숲에 불이 났어요. 모든 동물들이 두려워 도망쳤지요. 그런데 작은 벌새 한 마리가 물을 나르며 불을 끄려 했어요. 다른 동물들이 말했어요. '네 작은 몸으로는 불을 끄기 힘들어!' 그러자 벌새가 말했어요. '난 내가 할 수 있는 최선을 다하고 있어.' 전 이런 벌새가 되고자 했어요."

왕가리는 아프리카의 파괴된 자연을 되살리기 위해 나무를 심고 가꾸었고, 케냐의 민주화를 위해 용감히 싸웠어요. 왕가리가 했던 일들은 모든 사람이 행복하게 사는 미래를 만들기 위한 일이었어요.

지금도 세계 곳곳에서 환경 문제와 인권 문제로 고통받는 사람들이 많아요. 왕가리 마타이의 삶은 오늘날 우리가 이런 문제들 앞에서 어떻게 행동해야 하는지 잘 알려 주고 있어요.

# ♣ 사진으로 보는 왕가리 마타이 이야기 ♣

왕가리 마타이의 실제 모습이에요. 숲을 배경으로 환한 표정을 지은 얼굴에서 나무를 사랑했던 왕가리의 마음이 고스란히 느껴져요.

묘목을 들고 그린벨트 운동을 홍보하는 왕가리 마타이예요. 이렇게 나무를 심어서 자연을 살리자고 사람들을 설득하고 나섰지요.

카루라 숲을 지키려다가 폭행당한 왕가리 마타이가 사람들의 부축을 받고 있는 장면이에요. 왕가리는 폭행으로 머리를 많이 다쳤는데도 나무를 보호하기 위해 다시 숲으로 돌아갔어요.

2004년 노벨 평화상 시상식에서 상을 들고 포즈를 취하고 있는 왕가리예요. 왕가리는 노벨 평화상을 받은 아프리카 최초의 여성이자 세계 최초의 환경 운동가였어요.

2006년 케냐에서 열린 유엔 기후 변화 회의에 참석한 왕가리 마타이예요. 왕가리는 세계 곳곳의 환경 단체들을 찾아다니며 그린벨트 운동을 퍼뜨리려 애썼어요.

2011년 케냐 우후루 공원에서 열린 왕가리의 장례식 모습이에요. 왕가리는 살아 있을 때 자신이 죽으면 절대로 땅에 묻지 말라고 당부했대요. 관을 만들려면 나무를 베야 한다면서요. 그래서 화장을 해서 장례를 치렀어요.

## ♣ 왕가리 마타이에 대해 더 궁금한 것들 ♣

**과학자가 되고 싶었던 왕가리는 어떻게 나무 심는 운동에 평생을 바치게 되었을까요?**

왕가리 마타이는 늘 가난과 배고픔에 시달리는 케냐 사람들이 안타까웠어요. 각종 개발 사업으로 인해 숲이 파괴되면서 비가 오면 홍수와 산사태가 일어났고, 물이 사라져 먹고 마실 것이 없어졌지요. 동물과 식물들도 계속 사라져 갔고요.

왕가리는 숲을 보호하지 않음으로써 수많은 생명들이 희생당하는 모습을 두고 볼 수 없었어요. 그래서 평생을 바쳐 나무를 심는 운동을 널리 알려야겠다고 다짐하게 되었지요.

**왕가리는 어쩌다 환경 운동에서 나아가 민주화 운동까지 뛰어들었을까요?**

왕가리가 하던 그린벨트 운동은 늘 정부의 방해에 부딪혔어요. 정부가 하려는 개발 사업마다 왕가리가 반대를 하고 나섰기 때문이었지요.

이런 일을 겪으며 왕가리는 자연스럽게 나무를 심는 운동만큼

국민의 권리를 찾는 일도 중요하다는 것을 깨달았어요. 누구나 자유롭게 자신의 뜻대로 행동할 수 있는 권리 말이에요. 그래서 위험을 무릅쓰고 케냐의 민주화를 주장하는 모임에 계속 참석했어요.

**왕가리 마타이가 하던 케냐의 그린벨트 운동이 아프리카 전체로 퍼졌다고요?**

그린벨트 운동은 파괴된 자연을 되살리기 위한 목적도 있었지만, 가난한 여성들에게 나무를 심고 키우는 일자리를 주어 더 나은 생활을 할 수 있도록 도왔어요.

케냐의 가난한 사람들이 그린벨트 운동으로 삶을 회복하자 우간다, 에티오피아 등 다른 아프리카 나라들도 이를 따라 하기 시작했지요.

왕가리 마타이는 평생 약 사천오백만 그루의 나무를 아프리카 전역에 심었어요. 2011년 그가 세상을 떠난 후로도 전 세계 많은 사람들이 나무 심기 운동을 지속하며 그 뜻을 이어 가고 있답니다.

# 함께 보면 쏙쏙 이해되는 역사

◆ 1940년
케냐의 이히테
마을에서 태어남.

◆ 1960년
장학생으로 선발되어
미국으로 유학을 떠남.

**1940**            **1960**

● 1961년
세계에서 가장 큰 환경
보호 단체 '세계 자연
기금'이 세워짐.

◆ 1998년
카루라 숲 개발을
막기 위해 정부에 맞섬.

◆ 2004년
노벨 평화상을 받음.

**1990**            **2000**

● 1992년
세계 185개국 대표들이
온실가스를 줄이자는
'리우 환경 협약'을 맺음.

● 1997년
세계 여러 나라가
'교토 의정서'를 발표해
온실가스를 줄이자고 약속함.

◆ 왕가리 마타이의 생애
● 세계 환경 운동의 역사

◆ 1977년
케냐의 그린벨트 운동을 이끌기 시작함.

◆ 1989년
우후루 공원 개발을 막기 위해 정부에 맞섬.

**1970**        **1980**

● 1970년
미국 환경 운동가들이 4월 22일을 '지구의 날'로 정함.

● 1986년
그린벨트 운동이 '범아프리카 그린벨트 네트워크'라는 이름으로 아프리카 전체에 확대됨.

● 1972년
'유엔 인간 환경 회의'에서 6월 5일을 '환경의 날'로 정함.

◆ 2011년
일흔 살의 나이로 세상을 떠남.

**2010**

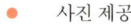 사진 제공

66쪽(위 왼쪽), 66쪽(아래), 67쪽 모든 사진_ 연합 뉴스. 66쪽(위 오른쪽)_ 위키피디아.

글쓴이 **남찬숙**

2000년에 『괴상한 녀석』을 발표하면서 글을 쓰기 시작했다. 2004년에 『가족사진』으로 MBC 창작 동화 장편 부문에서 상을 받았고, 2005년에 『받은 편지함』으로 올해의 예술상을, 2017년에 『까칠한 아이』로 눈높이 아동 문학상 장편 부문 대상을 받았다. 지은 책으로 『사라진 아이들』, 『누구야, 너는?』, 『안녕히 계세요』, 『할아버지의 방』, 『혼자 되었을 때 보이는 것』, 『나운규』, 『선덕 여왕』 등이 있다.

그린이 **윤정미**

대학에서 의상 디자인을 공부하고 직장 생활을 하다가, 늦은 나이에 일러스트레이터가 되었다. 그린 책으로는 『할머니와 걷는 길』, 『시화호의 기적』 등이 있으며, 쓰고 그린 책으로는 『어느 멋진 날』, 『소나기가 내렸어』가 있다. 쓰고 그린 두 책은 대만과 프랑스로 저작권이 수출되었다.

새싹 인물전
065

**왕가리 마타이**

1판 1쇄 펴냄 2021년 10월 22일  1판 3쇄 펴냄 2022년 12월 13일

글쓴이 남찬숙  그린이 윤정미
펴낸이 박상희  편집장 전지선  편집 이지은  디자인 정다울
펴낸곳 (주)비룡소  출판등록 1994.3.17. (제16-849호)
주소 06027 서울시 강남구 도산대로1길 62 강남출판문화센터 4층
전화 영업 02)515-2000 팩스 02)515-2007  홈페이지 www.bir.co.kr
제품명 어린이용 각양장 도서  제조자명 (주)비룡소  제조국명 대한민국  사용연령 3세 이상

ⓒ 남찬숙, 윤정미, 2021. Printed in Seoul, Korea.

ISBN 978-89-491-2945-7 74990
ISBN 978-89-491-2880-1 (세트)

## 「새싹 인물전」 시리즈

001 **최무선** 김종렬 글 이경석 그림
002 **안네 프랑크** 해리엇 캐스터 글 헬레나 오웬 그림
003 **나운규** 남찬숙 글 유승하 그림
004 **마리 퀴리** 캐런 월리스 글 닉 워드 그림
005 **유일한** 임사라 글 김홍모·임소희 그림
006 **윈스턴 처칠** 해리엇 캐스터 글 린 윌리 그림
007 **김홍도** 유타루 글 김홍모 그림
008 **토머스 에디슨** 캐런 월리스 글 피터 켄트 그림
009 **강감찬** 한정기 글 이홍기 그림
010 **마하트마 간디** 에마 피시엘 글 리처드 모건 그림
011 **세종 대왕** 김선희 글 한지선 그림
012 **클레오파트라** 해리엇 캐스터 글 리처드 모건 그림
013 **김구** 김종렬 글 이경석 그림
014 **헨리 포드** 피터 켄트 글·그림
015 **장보고** 이옥수 글 원혜진 그림
016 **모차르트** 해리엇 캐스터 글 피터 켄트 그림
017 **선덕 여왕** 남찬숙 글 한지선 그림
018 **헬렌 켈러** 해리엇 캐스터 글 닉 워드 그림
019 **김정호** 김선희 글 서영아 그림
020 **로버트 스콧** 에마 피시엘 글 데이브 맥타가트 그림
021 **방정환** 유타루 글 이경석 그림
022 **나이팅게일** 에마 피시엘 글 피터 켄트 그림
023 **신사임당** 이옥수 글 변영미 그림
024 **안데르센** 에마 피시엘 글 닉 워드 그림
025 **김만덕** 공지희 글 장차현실 그림
026 **셰익스피어** 에마 피시엘 글 마틴 렘프리 그림
027 **안중근** 남찬숙 글 곽성화 그림
028 **카이사르** 에마 피시엘 글 레슬리 뷔시커 그림
029 **백남준** 공지희 글 김수박 그림
030 **파스퇴르** 캐린 월리스 글 레슬리 뷔시커 그림

031 **유관순** 유은실 글 곽성화 그림
032 **알렉산더 벨** 에마 피시엘 글 레슬리 뷔시커 그림
033 **윤봉길** 김선희 글 김홍모·임소희 그림
034 **루이 브라유** 테사 포터 글 헬레나 오웬 그림
035 **정약용** 김은미 글 홍선주 그림
036 **제임스 와트** 니컬라 백스터 글 마틴 렘프리 그림
037 **장영실** 유타루 글 이경석 그림
038 **마틴 루서 킹** 베르나 윌킨스 글 린 윌리 그림
039 **허준** 유타루 글 이홍기 그림
040 **라이트 형제** 김종렬 글 안희건 그림
041 **박에스더** 이은정 글 곽성화 그림
042 **주몽** 김종렬 글 김홍모 그림
043 **광개토 대왕** 김종렬 글 탁영호 그림
044 **박지원** 김종렬 글 백보현 그림
045 **허난설헌** 김은미 글 유승하 그림
046 **링컨** 이명랑 글 오승민 그림
047 **정주영** 남경완 글 임소희 그림
048 **이호왕** 이영서 글 김홍모 그림
049 **어밀리아 에어하트** 조경숙 글 원혜진 그림
050 **최은희** 김혜연 글 한지선 그림
051 **주시경** 이은정 글 김혜리 그림
052 **이태영** 공지희 글 민은정 그림
053 **이순신** 김종렬 글 백보현 그림
054 **오드리 헵번** 이은정 글 정진희 그림
055 **제인 구달** 유은실 글 서영아 그림
056 **가브리엘 샤넬** 김선희 글 민은정 그림
057 **장 앙리 파브르** 유타루 글 하민석 그림
058 **정조 대왕** 김종렬 글 민은정 그림
059 **나폴레옹 보나파르트** 남찬숙 글 남궁선하 그림
060 **이종욱** 이은정 글 우지현 그림

| 061 | **박완서** 유은실 글 이윤희 그림 |
| 062 | **장기려** 유타루 글 정문주 그림 |
| 063 | **김대건** 전현정 글 홍선주 그림 |
| 064 | **권기옥** 강정연 글 오영은 그림 |
| 065 | **왕가리 마타이** 남찬숙 글 윤정미 그림 |
| 066 | **전형필** 김혜연 글 한지선 그림 |

• 계속 출간됩니다.